BEI GRIN MACHT SICH IHR WISSEN BEZAHLT

- Wir veröffentlichen Ihre Hausarbeit, Bachelor- und Masterarbeit

- Ihr eigenes eBook und Buch - weltweit in allen wichtigen Shops

- Verdienen Sie an jedem Verkauf

Jetzt bei www.GRIN.com hochladen und kostenlos publizieren

Ästhetische Bildung. Ein Bildungskonzept für Kindertagesstätten nach Hiltrud von Spiegel

Bibliografische Information der Deutschen Nationalbibliothek:

Die Deutsche Nationalbibliothek verzeichnet diese Publikation in der
Deutschen Nationalbibliografie; detaillierte bibliografische Daten sind
im Internet über http://dnb.d-nb.de abrufbar.

ISBN: 9783346434586
Dieses Buch ist auch als E-Book erhältlich.

Druck und Bindung: Books on Demand GmbH, Norderstedt Germany
Gedruckt auf säurefreiem Papier aus verantwortungsvollen Quellen

Das vorliegende Werk wurde sorgfältig erarbeitet. Dennoch
übernehmen Autoren und Verlag für die Richtigkeit von Angaben,
Hinweisen, Links und Ratschlägen sowie eventuelle Druckfehler keine
Haftung.

Das Buch bei GRIN: https://www.grin.com/document/1031174

HOCHSCHULE ESSLINGEN

Fakultät: Soziale Arbeit, Gesundheit und Pflege

Hausarbeit

**Ein Bildungskonzept für Kindertagesstätten
im Bereich der ästhetischen Bildung**

*- Ein Bildungskonzept nach Hiltrud von Spiegel für die frühkindlichen
Erziehung -*

Inhaltsverzeichnis

1 Einleitung

Es lassen sich inzwischen mehrere Diskussionen über die Betreuung und Gestaltung von Kindertagesstätten beobachten, in der zum einen das Fachpersonal, zum anderen die frühkindliche Bildung betrachtet wird. Eine positive und erfolgreiche Betreuung in Kitas begünstigt die Situation der Eltern, welche durch die vorhandene Erziehung und Bildung in Kitas nicht in ihrer Arbeitszeit eingeschränkt werden und somit eine bessere Vereinbarkeit von Beruf und Erziehung erfahren können. Im Fokus jedoch sollte stets die Entwicklung und Bildung selbst im Vordergrund stehen, sodass das Kind die Möglichkeit zur gerechten Bildung und Entwicklung hat. Ein Punkt stellt der Bildungsauftrag in Kitas dar. So gibt es hier keine einheitliche Konzeption oder Leitlinien für klare Bildungsziele und -inhalte. Diese zu erstellen und umzusetzen bleibt nahezu dem Erzieherpersonal überlassen. Hierbei gibt es mehrere Möglichkeiten zur Schwerpunktsetzung, hinsichtlich des Bildungskonzepts in Kitas (vgl. Textor 2017).

In dieser Arbeit wird nun ein Konzept im Bereich der ästhetischen Bildung erstellt. Dieses Konzept fokussiert die Umsetzung und Förderung der ästhetischen Bildung im frühkindlichem Alter in Kitas. Ziel ist es, einen klareren Ansatz für den Erziehungs- und Bildungsprozess in Kitas zu schaffen, sodass das Bildungskonzept einen Rahmen für mehrere Möglichkeiten zur Entwicklung von Schlüsselkompetenzen und Lerneffekten darbietet. Dazu werden zunächst theoretische Grundlagen präsentiert. Hier wird weniger der Hintergrund von Kindertagesstätten, sondern mehr die pädagogische und kunstdidaktische Sichtweise zur Thematik der frühkindlichen Erziehung erläutert. Neben diesen werden auch weitere Begriffe, wie der Bildungsbegriff und die Einführung in erkenntnistheoretische Ansätze wichtig. Um die Rahmenbedingungen des Bildungskonzepts fachgerecht auszulegen werden hierzu die Werke und Ansätze der zwei Pädagogen Arno Stern und Celestin Freinet miteinbezogen, da diese sowohl (Kunst)pädagogisch als auch erziehungswissenschaftlich wertvolle Erkenntnisse bieten für das Konzept. Anschließend erfolgt das Bildungskonzept, welches an Hiltrud von Spiegels Konzeptionsentwicklung angelehnt wird. Im Bildungskonzept selber werden die jeweiligen Ziele (z.B Wahrnehmungskompetenz) und die Handlungsschritte (z.B eine kunstdidaktische Methode) des Konzepts erläutert. Wichtiger jedoch sind hierbei die jeweiligen Begründungen und Argumente für die gesetzten Ziele und Handlungsräume. Anschließend folgt eine ethische Reflexion und ein Fazit mit Ausblick.

2 Bildende Kunst im Elementarbereich

Dieses Kapitel führt nun in grundlegende Bereiche der Kunstpädagogik für den Elementarbereich ein. Dabei werden die Bereiche, im Rahmen dieser Arbeit lediglich kurz erläutert und dargestellt. Hierbei wird der Fokus auf die erzieherische und bildungspolitische Betrachtung der Kindertagesstätten gelegt, was dementsprechend den frühkindlichen Bereich abdeckt. Als Schwerpunkt des Bildungskonzepts wird der Bereich der *ästhetischen Bildung* gewählt. Neben der Erläuterung zur Hermeneutik, einem erkenntnistheoretischem Ansatz, der für die Vorgehensweise der Arbeit, aber auch für die Erklärung für jene Analysen und Feststellungen entscheidend ist, werden weitere Einblicke in die Bereiche der Kunstpädagogik in Kindertagesstätten und die frühkindliche Bildung gegeben.

2.1 Erkenntnistheoretischer Ansatz: Hermeneutik

„Die ursprüngliche Hermeneutik beschäftigt sich mit der Auslegung von Texten und der Erklärung menschlicher Handelns. Dabei wird besonders auf die Problematik des Verstehens von Texten und deren Inhalt aufmerksam gemacht. Hermeneutik kann in den verschiedensten Wissensbereichen wie Volkswirtschaftslehre, Sozialwissenschaften als auch im religiösen Bereich u.v.a angewendet werden." (Bühler, 2003, 3ff.)

Insgesamt zeichnet sich die Hermeneutik durch die Interpretation/Verstehen von Texten und Werken aus. Die Hermeneutik gilt als Theorie des Verstehens und die damit verbundene Auslegung und Interpretation von Texten. Wilhelm Dilthey, ein ehemaliger deutscher Theologe und Philosoph, entwickelte die Methode der Hermeneutik im Kontext der verstehenden Psychologie. Allgemein beschreibt dieser die Verbindung von Sinnzusammenhängen jeglicher Art von Lebensäußerungen; damit sind nicht nur Worte und Schriften gemeint, sondern auch die nonverbalen Signale und Verständigungen. So lässt sich nach Diltheys Auffassung sagen, dass ein Gesamtbild dann verstanden werden kann, wenn die Summe der Einzelteile verstanden wird. Die Lehre von Dilthey wird demnach auch als die Lehre des

Verstehens bezeichnet. In Diltheys Lehre des Verstehens werden vor allem die drei Bereiche *Erleben, Ausdruck, und Verstehen* als essentielle Bestandteile der hermeneutischen Vorgehensweise erachtet. Folglich besteht das Verstehen nach Dilthey durch das *Hineinversetzen, Nachbilden und Erleben* (vgl. Hufnagel, 1982, 12ff.). Die hermeneutische Vorgehensweise unterstreicht eine sensible und einfühlsame Methode, die sich besonders für frühkindliche Erziehung und Bildung eignet. Das Konzept ist demnach darauf ausgelegt, eine pädagogisch wertvolle und stets zu reflektierende Herangehensweise zu realisieren. Dabei wird das Verstehen und das Reflektieren der Zielsetzungen ein bedeutsamer Bestandteil des Konzepts (vgl. Hufnagel, 1982, 14ff.).

2.2 Kunst in Kindergärten und Kindertagesstätten: Die Reggio-Pädagogik

Es gibt auch in der Kunstpädagogik mehrere Richtungen zur didaktischen Vorgehensweisen. Als solche fasst zum Beispiel die Reggio-Pädagogik den praktischen Handlungsraum der Kindertagesstätten und Kindergärten wieder. Der Ursprung der pädagogischen Richtung entstammt von Loris Malaguzzi, aus Italien. Im Mittelpunkt steht in der Reggio-Pädagogik das experimentelle Handeln, eigenständige Nachdenken über Zusammenhänge, Kommunikation sowie die Assoziationen und Anregungen zur Fantasie (vgl. Knauf, 2008, 168 ff.).

Das Konzept der Reggio-Pädagogik zeigt das Kind als einen Forscher, welches zum Selbstlernen angeregt wird. So spielen hier weniger die Entwicklungsstände und spezielle Förderbedürfnisse eine Rolle, sondern vielmehr das „aktive[…] Hineinwachsen in Zivilisation und Kultur" und die „Erweiterung der Kompetenzen (vgl. Knauf, 2008, 174 ff.)."

Besonders gelobt wird in dieser Richtung die Kreativität, welche eine wichtige Rolle in der Reggio-Pädagogik einnimmt. Carla Rinaldi, ebenfalls eine berühmte Pädagogin aus Reggio Emilia, beschreibt die Kreativität als Charakteristikum des Menschen. Auch beschreibt sie die neuronalen Strukturen, die sich im frühen Kindesalter gerade hinsichtlich der Kreativität besonders stark entfalten. Diese Aussage gilt von der psychologischen Säuglingsforschung als bewiesen (vgl. Pauen, 2008, 10ff.).

Unter den ästhetischen Aktionen innerhalb der Kreativität sind mehrere Ebenen, indem das Kind gefördert wird. So beinhalten zum Beispiel das Wahrnehmen, Experimentieren mit Nähe/Distanz/Bindung/Folgen/Wirkung, oder die Inszenierung und Imitationen (…). Hierbei können die Kinder verschiedene Möglichkeiten an Werkzeugen, Materialien, Gegenstände, Beziehungen, Funktionen und Erfahrungswelten nutzen. In der Reggio-Pädagogik wird die sinnlich-gegenständliche Erfahrung angeregt. Bilder gelten als sehr geschätzte Mittel, das Kind in seiner Entwicklung zu fördern. So wird hier, dass gestaltete Bild als Konstruktion oder Abbildung des Bewusstseins gesehen. Mit der Zeit erfolgt die Ausdifferenzierung, sodass Unzufriedenheiten über die eigene Struktur und Zeichnungen entstehen. Dieser Zustand regt die Kinder dazu an, die eigenen Strukturen zu verbessern oder gegebene Problematiken kreativ zu lösen. Die Betrachtung der Kinderzeichnung geht jedoch weit darüber hinaus, denn diese Zeichnungen gelten nicht selten als wertgeschätzte Medien. Dabei steht auch die Thematik der Gestaltung des Kindes im Kontext der Übermittlung von Botschaften an Erwachsene im Fokus (vgl. Knauf, 2008, 177 ff.).

2.3 Frühkindliche Kunsterziehung in der Praxis: Forschungsergebnisse

Zwischen den Jahren 1997-2000 wurde ein Projekt unter Hans-Joachim Laewen zum Bildungsauftrag in Kindertageseinrichtungen durchgeführt, welches darauf hindeutete, dass nicht Wissenserwerb allein, sondern die das Zusammenspiel von Schlüsselkompetenzen für den Verlauf der kindlichen Entwicklung entscheidend ist. Entscheidend ist jedoch ebenfalls, dass das Kind Eigeninitiative und Selbstständigkeit entwickeln kann, sodass „Bildung des Selbst als Kern der Persönlichkeit" betrachtet werden kann (vgl. Textor, 2007).
Gerd E.Schäfer betrachtet die frühkindliche Bildungsziele in vier Bereichen: Sinnes-, Imaginations- und Phantasiebildung, die Bildung einer symbolischen/sprachlichen Welt und die der zwischenmenschlichen Beziehungen.
Weiterhin erwähnt Schäfer drei weitere Bereiche (ästhetischer, kultureller/sprachlicher und naturwissenschaftlicher Bereich), die ab dem dritten Lebensjahr eine zunehmende Bedeutung für die für die Entwicklung des Kindes gewinnen und dementsprechend miteinbezogen werden müssen (vgl. Schäfer, 2004, S. 23 ff.).

In vielen Bundesländern wurde deshalb das Lebenslange Lernen, als fester Bestandteil von Bildungskonzepte mit eingebunden (vgl. Liegle 2006, S. 99). Dabei wird hauptsächlich das strategische Lernen, in Form von Erfahrungen, welche konstruktiv zu Wissen oder Kompetenzen verarbeitet werden. Ingeborg Becker-Textor beschreibt ein Beispiel aus der Kunst, die nach der Autorin als Förderung eignet: Das Arbeiten mit Wasserfarben, lohnt sich für die Förderung der aktiven Handlungsrolle des Kindes, sowie der Förderung der Konzentration. Eine bereits angeschnittene Thematik ist weiterhin die Kinderzeichnung, welche auf mehrere Entwicklungen und Persönlichkeitsmerkmale des Kindes schließen lässt. Hier gilt insgesamt die Auffassung, dass Kinderbilder zunächst als Aspekt der Tätigkeit zu betrachten sind, so können diese beispielsweise auch Traumbilder und Bilder des Unterbewusstseins sein. Darüber hinaus gelten Kinderzeichnungen als Briefe mit Botschaften, die jedoch auch an sich selbst gerichtet sein können. Sie können jedoch auch wertvolle Hinweise auf Familienprobleme oder Missbrauch geben (vgl. Blank-Mathieu).

Zusammenfassend befürwortet ein großer Teil, die Kreativitätsförderung, die vor allem im frühkindlichem Alter einer besonderen Förderung bedarf. Aus Kapazitätsgründen wird nun keine vertiefte Betrachtung in die frühkindliche Kunstbildung erläutert. Jedoch gilt es folgende Aussagen festzuhalten:
Die Nutzung von verschiedenen Materialien und Objekte fördern die Problemlösefähigkeit und die Bewältigung von inneren Konflikten. Hinsichtlich der Kinderbilder spielen nicht nur die Motive, sondern auch das Malen selber und die darin verwickelte Botschaft eine größere Rolle. Sowohl das Miteinbeziehen des Kindes, als auch die Begleitung des Kindes gelten als äußerst wichtig, und sollten didaktisch und pädagogisch stets gefördert werden (vgl. Blank-Mathieu/ Stern).

3 Die Rahmenbedingungen des Bildungskonzepts

Das folgende Kapitel stellt einen zweiten theoretischen Abschnitt dar, in dem einige grundlegende Begrifflichkeiten zur Konzeptentwicklung genannt werden. Zum einen wird der grobe Rahmen des Bildungskonzepts (nach Hiltrud von Spiegel) erläutert, zum anderen werden die kunstpädagogischen Aspekte von Arno Stern und Celestin Freinet präsentiert. Auf diesen soll das Bildungskonzept weiter aufgebaut werden. Da es sich bei dem Bildungskonzept sowohl um ein didaktisches, als auch pädagogisches Konzept handelt, darf eine kurze Erläuterung zum Bildungsbegriff nicht fehlen. Hierfür wurde der Bildungsbegriff von Nina Kölsch-Bunzen gewählt.

3.1 Aspekte der Konzeptentwicklung nach Hiltrud Spiegel zum Thema ästhetische Bildung

In dem Buch „Methodisches Handeln in der Sozialen Arbeit" stellt Hiltrud von Spiegel mehrere Arbeitshilfen vor, die der Sozialen Arbeit dienen. In diesem Buch werden hauptsächlich Hilfen für wissenschaftliche und handlungsfähige Strukturen geschaffen, die mittels mehrerer Methoden möglich sind (vgl. Spiegel, 2014).

Hiltrud von Spiegel beschreibt im Kapitel der „Arbeitshilfen für die Konzeptionsentwicklung" verschiedene Phasen des Vorgehens. Da wir in unserer Arbeit ein Konzept, und keine Konzeption erstellen, ist es wichtig, die Begriffe zu unterscheiden.

Nach Spiegel beinhaltet die Konzeption den

> „ (…) Entwurf eines institutionellen' → Wirkungszusammenhangs für die gesamte Arbeit innerhalb einer Einrichtung oder einer Organisationseinheit (…) Im Unterschied zum → Konzept integriert sie zusätzlich institutionelles Wissen, kommunal-politisches Wissen, Wissen über die Zielgruppen sowie persönliches Erfahrungswissen der Fachkräfte vor Ort." (vgl. Spiegel, 2004, S. 203)

Damit lässt sich zunächst ein Rahmen für das Bildungskonzept schaffen: Das Bildungskonzept fokussiert sich auf die Bildung der Kinder in Kindertageseinrichtungen. Insgesamt wird an dieser Stelle keine größere Vertiefung über die institutionelle Bereiche, oder die kommunal-politischen Bereiche ausgeführt. Das Bildungskonzept soll der pädagogischen Praxis in Kitas dienen, was anhand von klaren Strukturen und Bildungsprozessen ersichtlich werden soll. Für eine Konzeption benötigt es zunächst eine Analyse der Ausgangssituation, sowie die Erwartungssammlung und Bestandsaufnahme der gegebenen Situation. Diese beiden Phasen werden für die Erstellung eines Konzepts außen vor gelassen, da diese alle institutionellen und leistungsbezogenen Inhalte meint, wie zum Beispiel Informationen zur Kindertagesstätte als Institution, zum Personal und Arbeitsstruktur, Angebote und Leistungen und die individuelle Zielgruppenzusammensetzung.

Auch bildet sich die Erwartungssammlung aus der Phase der Bestandsaufnahme z.B. durch das Personal, die gesetzlichen Richtlinien des jeweiligen Bundeslands, die Zielgruppen und das Umfeld (vgl. Spiegel, 2004).

Für das Konzept sind die relevanten Phasen der Arbeitshilfe nach Spiegel, nämlich die Bildung von *konzeptionellen Zielen* und die *Operationalisierung von konzeptionellen Zielen* von Bedeutung sein. Ursprünglich werden die konzeptionellen Ziele von der Erwartungssammlung abgeleitet. In unserem Fall der Konzeptbildung werden die konzeptionellen Ziele von theoretisch begründeten Erwartungen abgeleitet. Diese Erwartungen bauen auf bildungs- und kunstpädagogischen Erkenntnissen, die für den Bereich der ästhetischen Bildung von Bedeutung sind. Darauf aufbauend, folgt eine weitere Kategorisierung, in der die Handlungsziele aufgezeigt werden. Diese werden klar von den konzeptionellen Zielen abgeleitet. Beides wird in kategorisierter, tabellarischer Form wiedergegeben und im vierten Kapitel argumentativ erläutert (vgl. Spiegel, 2014).

3.2 Der Bildungsbegriff nach Nina Kölsch-Bunzen

Es wurde bereits erwähnt, dass der Bildungsbegriff nicht einheitlich definiert werden kann. Bildung bezieht sich nicht nur auf den Erwerb von Wissen, sondern auch auf den bildenden Prozess und die damit verbundene Reflektion zu sich und zur Außenwelt. Inzwischen sind mehrere Bildungstheorien entstanden, die im Kern die Entwicklung des Menschen mit den damit verbundenen Themen wie Konflikte, Relevanz und Vermittlung der Bildung fokussieren. Nina Kölsch-Bunzen beschreibt eine kultursensible Pädagogik für Kindertagesstätten als bevorzugte Strategie. Da sich die kulturelle Vielfalt erweitert hat.

Der Bildungsbegriff nach Nina Kölsch-Bunzen baut auf den Humboldtschen Gedanken auf. In welchem das Individuum Selbstbestimmung die Mündigkeit erreicht.

Als ethische Orientierung wird hierbei die Demokratie und die damit verbundenen Menschenrechte beschrieben. Auch in den Hochschulen gilt für die kindheitspädagogischen Lehrgänge die Demokratie als grundlegende Basis. In diesem Kontext erläutert Kölsch-Bunzen den Kulturbegriff, der sich innerhalb der letzten Jahrzehnte mehrere Wandlungen durchlief. So wird ein Kugelmodell nach Herder erwähnt, in der jede Kultur als Kugel, mit einem jeweiligem Schwerpunkt betrachtet werden kann. Diese Schwerpunkte unterscheiden sich je nach Kultur, und hatten einst das Ziel, eine nationale Einheit zu schaffen. In diesem Kontext lässt sich jedoch empirisch belegen, dass auch die nationale Einheit dadurch nicht als gegeben betrachtet werden kann. Insgesamt lässt sich der Kulturbegriff nicht einheitlich festlegen, denn die Kulturkreise selber gelten nicht als homogen. Im Zuge der Globalisierung lässt sich mehr eine *dynamische Kultur* beschreiben, in der die Kultur als eine Ebene von Glaubenssystemen, Bräuchen und Sitten anerkannt wird; Kultur schafft Werte und Glaubensrichtungen, die den Menschen verschiedene Bedeutungen darbieten. Dementsprechend verläuft die Gestaltung der Kultur unterschiedlich ab und wird zu einem unerlässlichem Bestandteil im Bildungsprozess, der nicht ausgelassen werden darf.

Die Aufgabe der Bildung bestehe unter anderem darin, die kulturelle Vielfalt zum einen zu akzeptieren, zum anderen auch kritisch zu analysieren. Dabei ist die Demokratie, die festgesetzte Grenze, dass die menschlichen Rechte nicht überschritten werden sollen.

Die Integration und Beachtung von Kultur wird in diesem Sinne als Vielfalt- und kultursensible Bildungsarbeit bezeichnet. Es ist wichtig, hier nochmal hinzuweisen, dass das Verständnis von Demokratie nicht auf westlichen Werten, sondern anhand von universalen Werten aufgebaut wird. Hierbei spielt Kölsch-Bunzen auf die Erfahrungen hinsichtlich der Menschenwürde und der Ungerechtigkeit hin, die nicht nur in Europa, sondern universal erfahren werden.

Misshandlungen oder Bedrohungen werden dabei als negatives Beispiel genannt, die gegen die Würde des menschlichen Individuums sprechen. Und somit nicht als erfolgreiche, gesellschaftliche Eigenschaften sind, da diese eine gesellschaftsspaltende Wirkung mit sich bringen. (vgl. Kölsch-Bunzen, 2015, 12ff.).

Weiterhin zeigt Kölsch-Bunzen anhand von mehreren empirisch belegten Studien auf, dass Kinder keineswegs unfähig sind, ethische Perspektiven und Normen anzunehmen. So können diese nachvollziehen, weshalb bestimmte Normen aufgestellt wurden, jedoch besteht die Notwendigkeit, die einzelnen Normen und Werte einzuüben, da Kinder diese nur dann erfolgreich speichern und erlernen können. Kölsch-Bunzen unterscheidet hier zwischen absoluten, unveränderlichen Normen, wie zum Beispiel die Norm nicht zu schlagen, und konventionellen, veränderlichen Normen, wie zum Beispiel die unterschiedlichen Essensregeln der verschiedenen Kulturen. Diese Abgrenzung wird auch für die pädagogischen Fachkräfte im Sinne des Bildungsauftrags unentbehrlich (vgl. Kölsch-Bunzen, 2015, 12ff.).

Kölsch-Bunzen weist sowohl auf die nötige, kultursensible Bildungsarbeit, als auch auf die Vorteile von des Inklusionskonzepts hin. Ihr Bildungsbegriff beschreibt die Chancengleichheit, die jedes Kind, erhalten sollte, unabhängig von Migrationshintergründen, da solche Abgrenzungen empirisch gesehen in der Vergangenheit weniger Erfolge hervorbrachten. Inklusion bietet nach Kölsch-Bunzen mehrere Möglichkeiten, an verschiedene Potentiale und Persönlichkeiten anzuknüpfen und diese zu verwirklichen. Inklusion eine flexible Förderung des Individuums dar (z.B. innerhalb einer heterogenen Klasse). Allgemein betont Kölsch-Bunzen sogar, dass die kultursensible Arbeit inzwischen ein notwendiges Mittel für die positive Entwicklung der Kinder sei (vgl. Kölsch-Bunzen, 2015, 14ff.).

Bezüglich der kulturellen Vielfalt wurden mehrere Konzepte entwickelt, die verschiedene Ansätze präsentieren. So bestand die Ausländerpädagogik in den 1960er Jahren darin, die Kinder von Migranten auch in ihrer Muttersprache zu fördern, sodass diese im Falle der Rückkehr zur Heimat vorbereitet sind. Dieser Ansatz unterliegt jedoch der Kritik, dass die Abgrenzung der Ausländerkinder zu den anderen Kindern eine fehlgeleitete Vorgehensweise darstellt. Hieraus entwickelte sich die interkulturelle Pädagogik, die jene andere Kultur wertschätzt, die Differenzen jedoch nicht eliminiert, sondern mehr die Zwiespalt zwischen zwei Kulturen fördert. Kölsch-Bunzen beschreibt die Kultur als weitaus komplexeres System, in der

> „ (…) Menschen (..) nicht einfach ‚eine Kultur' [übernehmen], sondern aus verschiedenen Einflüssen und Deutungsangeboten ihre je eigenen ‚Landkarten der Bedeutungen' [entwickeln], die in sich wiederum dynamisch ist. Insbesondere im Hinblick auf Kinder mit Migrationshintergrund, von denen die meisten keine eigene Migrationserfahrung haben (…), macht es keinen Sinn, sie

einfach als Angehörige einer bestimmten ‚Herkunftskultur" oder als Repräsentanten eines Landes zu sehen. Sie haben unterschiedliche Zugänge zu dem Land, aus dem sie selbst oder die Eltern oder Großeltern emigriert sind. (vgl. Kölsch-Bunzen, 2015, 21)

Der Anti-Bias-Ansatz setzt an dieser Kritik an, und verbindet die Erziehung und Bildung mit vorurteils-bewussten Faktoren, in der jede Familie als individuell und frei angesehen wird. Hierbei werden die Leben, in der die Kinder tatsächlich eingebunden sind, berücksichtigt und wahrgenommen. Diese Sensibilität sei eine entscheidende Voraussetzung für die Gleichberechtigung.

Ziel ist es demnach, Gerechtigkeit anhand der kultursensiblen Vorgehensweise in jeglichen Bildungsprozessen zu schaffen (vgl. Kölsch-Bunzen, 2015, 22).

3.3 „Der Malort" von Arno Stern

Arno Stern, beschäftigte sich bereits in jungendlichen Jahren mit Kunst und Kunstgeschichte. Im Laufe der Zeit (1946) entwickelte sich der Malort, welches er weiter in einem Quartier in Paris weiterentwickelte. Ursprünglich wurde der Malort als „Donnerstagsakademie" für Kinder bezeichnet, da Donnerstags ein schulfreier Tag in Frankreich war. Es ist wichtig zu erwähnen, dass der Malort keinen therapeutischen, sondern rein praktischen Nutzen erfahren soll.

> „Eines Tages ist mir aufgefallen, daß im Malort nicht Ähnliches wie zu Hause, wie in der Schule oder in der Psychologenpraxis entsteht. Anfangs glaubte ich, es läge an der außergewöhnlichen Qualität der Werkzeuge, die ich den Kindern gab, während sie sonst wo mühsam ein bißchen verwässerte Farbe dem Malkasten abzugewinnen versuchten. Aber daran lag es nicht in erster Linie, sondern an der grundlegend verschiedenen Einstellung zum Malenden. Deshalb entstand hier eine nie zuvor geschehene Äußerung."(vgl. Stern, der Malort)

Stern betont, dass eine einzige Malstunde sinnlos sei. Entscheidend sei mehr die regelmäßige Malerfahrung, die ein Kind eigenständig entwickeln kann.

Im Jahre 1987 gründete Stern das Institut de Recherche en Sémiologie de l' Expression, eine Forschungseinrichtung mit dem Schwerpunkt Ausdruckssemiologie. Die Ausdruckssemiologie beschäftigt sich mit dem reinen Vorgang oder Prozess einer Sache selbst. Der Fokus wird nicht auf die Inhalt, Interpretation oder Deutung gelegt, sondern auf das Malen und die damit verbundene Motivation zum Ausdruck.

Stern beschreibt folgende Bedingungen als Kriterien des Malorts:

a) ein Raum, der vor Druck und Einflüssen schützt,

b) die Präsenz von anderen Mitmenschen, die auf gleicher Weise das Malen praktizieren, ohne die Rolle des Zuschauers oder des Lehrers einnehmen, und

c) die dienende Präsenz, die nicht als Vorbild oder Lehrer erscheint.

Sterns Vorgehensweise zeigt auf, ähnlich wie Kölsch-Burzens Bildungsbegriff, dass dem Anstoß zur Eigenentwicklung des Kindes eine hohe Bedeutung zukommen sollte. Der Malort hat demnach eine positive Auswirkung auf das Selbstbewusstsein und auf die Entwicklung von persönlichen Stärken und Interessen.

> „Die Formulation unterscheidet sich von der Kunst dadurch, daß sie keine vermittelnde Rolle spielt. Dies hat zur Folge, daß der Ausübende seine Äußerung mit keiner Erwartung verbindet und deshalb eine ungeahnte Unabhängigkeit erfährt. Die Formulation entsteht schon sehr früh im Leben und folgt in ihrer Entwicklung einem vorbestimmten Ablauf. (…) Das Ausüben der Formulation läßt sich als ein Spiel bezeichnen, das weder dem Bereich des künstlerischen Schaffens, noch demjenigen der therapeutischen Handhabung angehört. Und doch erzeugt es Wohlbefinden und eine merkliche Sicherheit im Leben In diesem Spiel, das jedem leicht fällt, (…) entwickeln sich auch ein außergewöhnliches Können und das Bewusstsein ungeahnter Fähigkeiten. (…) Die Praxis der Formulation befreit von der beigebrachten Abhängigkeit von Vorbildern und von Begutachtung. (…) Derjenige, der sich durch dieses Spiel entfaltet, gebraucht keine Gewalt als Bestätigung, keine Drogen als Trost und Linderung. Sie fördert (…) Selbstbewusstsein und die Beziehung zu anderen (…)" (vgl. Stern)

3.4 Die Freinetpädagogik und das Malaterlie

Célestin Freinet galt als französischer Reformpädagoge, und war der Begründer der Freinetpädagogik. Im Jahr 1947 gründete Celestin die Pädagogik – Kooperative I.C.E.M (Institut Cooperatif de l'Ecole Moderne) und F.I.M.E.M (Fédération Internationale des Mouvements de l'École Moderne), der internationalen Freinet-Bewegung.

Freinet empfand die Schulstruktur als belastend und nicht fördernd. Er entwickelte ein Konzept, welches zwar keine neue pädagogische Richtung vorgibt, dafür aber eine Sammlung an verschiedenen, didaktischen Methoden darbietet.

Der Grundgedanke der Freinetpädagogik besteht darin, die Rollenverteilung des Klassenraums aufzuheben, sodass die Kinder sich sowohl theoretisch als auch praktisch entfalten können. Der berühmte Frontalunterricht sollte hier weniger an Bedeutung gewinnen, vielmehr steht die Selbstbestimmung und die Eigeninitiative der SchülerInnen im Fokus. Die Lernmotivation soll aus der natürlichen Neugier geschaffen werden, sodass die Kinder hierbei auch gleich ihre Persönlichkeit entfalten können, da diese damit automatisch ihren Interessenbereichen folgen. Wie sich schnell erkennen lässt, zeigt sich hier der Schwerpunkt darin, die „lastige" Theorie durch Praxis zu ersetzen. Gefördert wird hierbei vor allem die Selbstorganisation, sowie die demokratische und soziale Grundlage hinsichtlich der zwischenmenschlichen Beziehungen.

In Kindergärten lassen sich ebenfalls einige Gestaltungen durch die Freinetpädagogik ausführen. Gedanken und Methoden der Freinet-Pädagogik wurden maßgeblich durch Lothar Klein und Herbert Vogt in den 1990er Jahren in die Praxisdiskussion von Kitas eingebracht. Im Vordergrund der Freinetpädagogik steht die Wünsche und Bedürfnisse der Kinder selbst. Für den kindlichen Lernprozess ist immer schon alles Notwendige im Leben des Kindes vorhanden. Es muss nur noch hervorgelockt und geordnet werden. Es gibt mehrere Möglichkeiten, die Freinetpädagogik auszugestalten, ein Beispiel wäre die Aufteilung von bestimmten Raumebenen, in denen sich die Kinder mit verschiedenen Themen beschäftigen und verschiedene Ansätze zu neuen Erfahrungen vorfinden (als Beispiel durch malen, Geschichten hören, bauen, sich frei ausdrücken (…)) (vgl. Hellmich, 2007, 16ff.).

> „Wir werden niemals sagen: Machen Sie interessante naturwissenschaftliche Versuche…, sondern. Bauen Sie Ihre Ateliers zu Forschungswerkstätten aus… Besorgen Sie das unentbehrliche Material, mit dem die Kinder selbst Versuche machen können." (Célestin Freinet, 1980, S. 30)

Auch der Pädagogischen Fachkraft wird im Atelier eine wichtige Rolle zugesprochen. Sie soll das Kind in seinen Suchbewegungen unterstützen und keine Lösungen vorzugeben. Auch bemühen sich darum, Kindern Entwicklungsmöglichkeiten bereitzustellen, von denen sie glauben, sie seien für die Bewältigung der Zukunft wichtig. Sie behaupten aber nicht, zu wissen, was für die Kinder gut ist. Erwachsene bieten sich als Dialogpartner an, in dem sich beide Akteuren wechselseitig Anerkennen. Erzieher gibt nicht vor („Schau mal hier") oder ebnet Weg („Ich hole neue schwarze Pappe"), sondern vertraut darauf, dass das Kind über das Ausprobieren eigene Lösungen entwickelt (vgl. Hellmich, 2007, 23ff.)

4 Bildungskonzept im Bereich der ästhetischen Bildung in Kindertagesstätten

Der nun folgende Teil der Arbeit zeigt die Zusammenstellung des Bildungskonzepts für Kitas im Bereich der ästhetischen Bildung auf. Diese werden in tabellarischer Form, an Spiegels Konzeptionsbildung angelehnt, wiedergegeben. Nach der Bildung der konzeptionellen Zielen, erfolgt die Operationalisierung der konzeptionellen Ziele.

4.1 Konzeptionelle Ziele

	Explizite Vorschriften	Erwartungen	Abzuleitende Ziele
Institution : Kita	- Der Bildungs- und Erziehungsauftrag soll verwirklicht werden.	- Die Institution Kita soll die Möglichkeit zur Selbstbildung und freier	- Die Kinder sollen die Aneignung der Welt und

		Entwicklung der Persönlichkeit darbieten.	die Selbstbildung erfahren können.
			- Es soll eine Bindung und Gemeinschaft zu den Kindern aufgebaut werden.
		- Kommunikation, Spaß und Erfahrungswerte sollen im Vordergrund der pädagogischen Ziele für die Kinder stehen.	- Es soll eine passende, didaktische Lernumgebung geschaffen werden, die den Kindern die jeweiligen Erfahrungen ermöglicht.
Umfeld der Kinder	- Die Zusammensetzung der kulturellen Vielfalt oder verschiedene Herkünfte müssen beachtet werden; -Die Kinder sollen mehr Chancengleichheit, Gleichberechtigung und Menschenwürde erfahren.	-Kitas, die überwiegend von Kindern mit Migrationshintergründen besucht werden sollten kunstpädagogische Mittel zur wertvollen, gemeinsamen Erfahrung nutzen, um sowohl die Gemeinschaftsbefinden, die soziale Kompetenz und die Sprache zu stärken.	- Integration, Demokratie und universelle Menschenrechte bilden die Basis für einen stabilere Chancengleichheit. - Erziehung zu selbsterfahrenden Tätigkeiten, im Sinne der Reggio-Pädagogik. - Kreative Erfahrungsarbeit, wie zum Beispiel Zeichnen oder Malen. - Keine autoritäre Rollenverteilung zwischen Pädagogen und Kindern, sondern die freie Entfaltung im Bereich des Kreativen fördern. Damit soll auch die Zusammenarbeit der Kinder untereinander gefördert werden.

Kultursensible Bildung und Interkulturalität	- Einbindung von Unterschiedlichkeit und Heterogenität.	- Kunstdidaktische Methoden,die auf Erfahrungswerten basieren. -Vielfalt in der methodischen Vorgehensweise, um die jeweiligen Potentiale zu entwickeln. (Bsp: Reggio-Pädagogische Vorgehensweise, Malort, Malatelerie...)	- Demokratie und Menschenwürde als Basis. - Vermittlung von absoluten und konventionellen Normen und Werten. - Inklusive Arbeit als Ziel, um Potentiale zu schöpfen, und Persönlichkeit zu entwickeln. → Flexible Förderung.
Personal	-Das Personal soll eine beobachtende Funktion in der Kita-Einrichtung darbieten.	-Durch die beobachtende Funktion soll den Kinder sowohl der Mut zur Entfaltung, als auch die die Verwirklichung der eigenen Interessen ermöglicht werden.	- Gleichwertige Rollenverteilung soll im Vordergrund stehen. Das Personal bringt sich mit ein und arbeitet mit den Kindern zusammen, sodass diese eine gemeinsame Erfahrung aufbauen können. (Keine bestimmende, oder leitende Funktion).
Lebensweltorientierung der Kinder : Der Malort	-Die Aneignung der Welt hinsichtlich des Bildungsauftrags fasst mehrere Bildungsprozesse zusammen, die an verschiedene Interessen angeknüpft werden.	-Durch einen Malort und ein Malatelier in verschiedenen Bereichen werden verschiedene Möglichkeiten zur Themenorientierung dargeboten.	- Die Kinder befassen sich am Malort und am Malatelier auf ihre eigene Weise und mit ihrer eigenen freien Entfaltungsmöglichkeit mit verschiedenen Themen. Dabei werden verschiedene Kompetenzentwicklungen angeregt, als auch die Beschäftigung mit den Themen selber, durch den kreativen Prozess, den die

			Kinder ausüben kön-nen.
Partizipation: Die Ent-wicklungsfreiheit der Kinder	-Die Kinder sollen aktiv in den Bildungsprozess miteinbezogen werden. Hier gilt, auf Basis der Demokratie, das Mitbe-stimmungsrecht zur Mit-gestaltung der eigenen Bildung.	- Erwartet wird hier die aktive Einbringung der Kinder hinsichtlich der Interessen und Vorlie-ben.	- Die Interessen der Kinder sollten angeregt und weiter ausgebildet werden, indem der Malort und das Malate-lier regelmäßig prakti-ziert werden. Die Be-gleitung der beiden Bil-dungsprozesse bietet die dafür nötigen An-haltspunkte.
Sozial- und Lernkom-petenz	- Im Sinne des Bil-dungsauftrags sollen die Kinder sowohl sozi-ale als auch lernspezifi-sche Kompetenzen ent-wickeln.	- Die kunstpädagogi-sche Praxis (der Malort und das Malatelier) bie-ten mehrere Bereiche der praktischen Entfal-tung, in der ebenfalls Schlüsselkompetenzen, wie Kommunikation, Empathie Aufnahmefä-higkeit und Merkfähig-keit gefördert werden.	- Die Regelmäßigkeit hinsichtlich der prakti-schen Arbeit ist eine un-abdingbare Vorausset-zung für das Erreichen von der Sozial- und Lernkompetenz. - Die Kinder lernen in-nerhalb der Gruppe zu arbeiten, und können das Wir-Gefühl positiv auffassen. - Die Kinder lernen Fra-gen zu stellen, Lösun-gen zu erarbeiten und mehrere Handlungs-räume zu erproben.

4.2 Operationalisierung der Wirkungsziele

Um die Operationalisierung der Wirkungsziele zu beschreiben, wird die ergebnisbezogene Operationalisierung gewählt. Die prozessbezogene und strukturbezogene Operationalisierung nach Spiegel werden - aus Kapazitätsgründen - außen vor gelassen, da diese zum Teil einige institutionelle und organisatorische Aspekte beinhalten.

Wirkungsziel Was ist das langfristige Ziel, dass erreicht werden soll?	-Durch einfühlsame und reflektierende Vorgehensweise werden die Kinder innerhalb eines Gemeinschaftsgefühls eingebunden und dazu animiert, eine Erfahrungswelt zu realisieren. Ein wichtiger Faktor ist hierbei, dass die Kinder Mut und Interesse an Erfahrungen entwickeln. -Der Malort und das Malatelier bieten für diese Erfahrungswelt eine Grundlage, in der die Kinder eine praxisintensive Tätigkeitsebene erleben und auf sowohl aktive, als auch passive Weise mehrere Fähigkeiten erwerben können. Diese Ebene bietet nicht nur eine demokratischen Grundlage, in der eine inklusive Arbeit vollzogen wird, sondern ebenfalls die Möglichkeit zur chancengleicher Entwicklungsmöglichkeit der Kinder.
Handlungsziele Worauf wird mittelfristig hingearbeitet?	-Ein Bildungskonzept dieser Art erfordert eine regelmäßige und gemeinsame Reflektion mit den Kindern. So ist es äußerst sinnvoll, den Stand, das Interesse und die Rückmeldung der Kinder hinsichtlich der regelmäßigen Tätigkeiten einzuholen. Diese Rückmeldung wiederum sollten vom Personal in regelmäßigen Abstände ausgewertet, reflektiert sowie verbessert werden.
Indikatoren Woran lässt sich erkennen, dass die Handlungsziele erreicht wurden?	- Die Kinder zeigen Interesse und Spaß am Malort und am Malatelier. - Es besteht eine hohe Intensität an eigener Einbringung seitens der Kinder. - Es lassen sich Motivation und Tatendrang in der Praxis der Kinder erkennen. - Die Kinder stellen Fragen und sprechen über ihre Erlebnisse und Erfahrungen. - Die gemeinschaftliche Erfahrung wird von den Kindern als solche erkannt und wahrgenommen, sodass die kultursensible und inklusive Arbeit als erfolgreich anerkannt werden kann.

5 Reflexion

In diesem Teil der Arbeit erfolgt nun eine Reflexion des entwickelten Konzepts. Hierbei soll zum einen eine ethische, zum anderen eine kritische Reflexion erfolgen. Anschließend erfolgt eine Betrachtung des allgemeinen Bildungswerts.

5.1 Ethisches Konzept

Hinsichtlich der ethischen Bedeutung lässt sich allgemein formulieren: Das Bildungskonzept hat als Grundlage, eine Praxis auf moralischen und demokratischen Werten aufzubauen. Es werden, sowohl die frühkindliche Entwicklung hinsichtlich der ästhetischen Erfahrung und die damit verbundenen Vorteile, als auch die Ziele des Bildungsauftrags im Sinne der Schlüsselkompetenzen beachten. Es zeigt sich ebenfalls, dass das Konzept auf eine hohe praktische Realisierung abzielt. Es wird weniger eine bestimmte Leistung erwartet, sondern vielmehr wird die eigene Einbringung und die eigene Entwicklung des Kindes angeregt und gefördert. Die motivations-, interessen- und kommunikationsabhängige Vorgehensweise des Konzepts weist auf eine hohe Anforderung hinsichtlich der Bindung zwischen den Kindern und des Personals hin, da das Personal keine leitende Funktion beinhaltet, jedoch trägt der Erzieher zur Entwicklung bei, indem dieser gemeinsam mit den Kindern den Bildungsprozess aushandelt und gestaltet. Durch die demokratische Grundlage haben die Kinder die Möglichkeit, als eigene Akteure ihre Interessen und Persönlichkeiten zu entwickeln und zu realisieren. Dabei gewinnen die Kinder, an Sicherheit in der Entdeckung ihrer Interessen und Neigungen und entwickeln diese gezielt mit Spaß, weiter. Darüber hinaus werden die Kinder sowohl in ihrer eigenständiger Arbeit und im Arbeiten in einer Gemeinschaft gefördert. Die demokratische Grundlage veranlasst die Kinder zu einer frei wählbaren Erfahrungswelt, in der sie als Akteure mitbestimmen können. Dabei erscheint, hinsichtlich des Zusammenlebens in der Gesellschaft, die inklusive Vorgehensweise als „richtiges" und positives Merkmal.

5.2 Kritische Reflexion

Das Bildungskonzept weist auf eine inklusive Vorgehensweise hin, die jedoch bei einer zu heterogenen Klasse ebenfalls Barrieren aufzeigen kann. So können als Beispiel sprachliche Barrieren ein größeres Hindernis sein. Im Zuge der Flüchtlingskrise ist dieser Aspekt nicht zu vernachlässigen. Hierbei ist zu beachten, dass eine größere Intensität an kultursensibler und inklusive Arbeit von Wichtigkeit ist.

Ein weitere Punkt ist, dass Konzept beinhaltet keine Anmerkungen zur Einbeziehung der Eltern hinsichtlich der festgesetzten Ziele. Die Eltern sollte in jedem Fall mitberücksichtigt werden. Gerade bei kultursensibler Arbeit ist dieser Punkt ebenfalls nicht zu vernachlässigen. Zwar bietet das Bildungskonzept einen Schwerpunkt hinsichtlich der ästhetischen Erfahrung, und die damit verbundenen Kompetenzen in der Gemeinschaft der Kita, jedoch können diese Erfahrungen durch die Unterstützung und Förderung der Eltern miteinbezogen werden bzw. weiter verstärkt werden.

5.3 Bildungswert

Insgesamt zeigt sich eine hohe Vielfalt im Konzept selber, in der die Kinder intensiv mit eingebunden werden sollen. Es besteht kein Fokus auf eine spezielle Tätigkeit, sondern Ziel ist es, eine möglich effektive Atmosphäre zu schaffen. Kinder haben das Wort: authentisches aus ihrem Leben kann auf diese Weise in den Alltag der Gruppe einfließen, ihn mitgestalten und verändern. Anhand dieser hohe Vielfalt im Konzeptwerden demokratische Werte mit vermittelt. Kinder wird ermöglicht, ihre eigenen Motiven zu folgen, sie auszudrücken und handelnd zu bearbeiten. Ferner sind sie in der Lage, eigene Bedürfnisse zu erkennen, auszudrücken und handelnd zu bewältigen. Gefördert wird hier vor allem das Interesse, die Motivation, und die Erfahrung durch ästhetische Praxis, welche mehrere Schlüsselqualifikationen mit sich bringt.

6 Fazit und Ausblick

Das Bildungskonzept für Kitas im Bereich der ästhetischen Bildung weist eine hohe praktische Orientierung auf, welche sich mit verschiedenen pädagogischen Vorgehensweisen als kompatibel erweist. Es lassen sich mehrere Strukturen und Merkmale, wie der Reggio-Pädagogik, oder auch der Freinet-Pädagogik erkennen. Darüber hinaus baut das Konzept auf ethisch-demokratischen Grundsätzen auf, was schlussendlich auf eine inklusive Förderung hinausläuft. Das Konzept hat nicht das Ziel, den schulischen Leistungsgedanken innerhalb einer Leistungsgesellschaft zu fördern, sondern es hat das Ziel, die Persönlichkeit, Interessen und das friedliche Zusammenleben innerhalb einer Gesellschaft zu entwickeln, aber auch die Individualität des Kindes zu fördern. Auch zeichnet sich das Konzept durch eine hohe Nachhaltigkeit aus, da diese Vorgehensweise sowohl einen integrativen, als auch einen praktischen Erfahrungswert besitzt. Alles in allem sollte jedoch nicht unterschätzt werden, dass die Bildungsarbeit auch zum hohen Grad vom Personal und den ErzieherInnen selbst abhängt, da diese für die stetige Reflektion und Überarbeitung des Bildungsprozesses verantwortlich sind. So bleibt die Funktion des Erziehers stets weiterhin als wichtiger Regulator, zum einen die indivi-duelle Einrichtung und Vorgehensweise sowie für die Bildungsprozesse, innerhalb der Kita.

7 Literaturverzeichnis

Blank-Mathieu, Margarete. Was eine Kinderzeichnung verrät. In: Handbuch für Erzieherinnen. MVG Verlag. Landsberg am Lech.

Bühler, Albert A. (2003): Hermeneutik. Basistexte zur Einführung in die wissenschaftlichen Grundlagen von Verstehen und Interpretation. Synchron Wissenschaftsverlag der Autoren. Heidelberg.

E.Hufnagel (1982): Dilthey, Wilhelm. Hermeneutik als Grundlegung der Geisteswissenschaften. In: U.Nassen (Hrsg.): Klassiker der Hermeneutik. Paderborn.

Freinet, C., Böhncke, H. and Henning, C. (1980): *Pädagogische Texte*. Reinbek b. Hamburg: Rowohlt, S. 30.

Hellmich, Achim (2007): Montessori-, Freinet-, Waldorfpädagogik: Konzeption und aktuelle Praxis. Beltz Verlag.

Knauf, Tassilo (2008): Bewegung, Wahrnehmung und Gestaltung. In: Topsch, Wilhelm/Moschner, Barbara (Hrsg.): Schulstart. Didaktische Perspektiven für das erste Schuljahr. Bad Heilbrunn.

Kölsch-Bunzen, Nina. Morys, Regine et. al. (2015): Kulturelle Vielfalt annehmen und gestalten: Eine Handreichung für die Umsetzung des Orientierungsplans für Kindertageseinrichtungen in Baden-Württemberg. Herder Verlag. Freiburg im Breisgau.

Liegle, Ludwig (2006): Bildung und Erziehung in früher Kindheit. Stuttgart: Kohlhammer

Pauen, Sabina (2008): Alles Leben ist Problemlösen. Wie Babys ihre Umwelt mit Sinn und Verstand entdecken. TPS Heft 7, S.10-13.

Schäfer, Gerd E. (2004): Bildung beginnt vor der Schule. In: Ministerium für Frauen, Jugend, Familie und Gesundheit des Landes Nordrhein-Westfalen/Sozialpädagogisches Institut des Landes Nordrhein-Westfalen (Hrsg.): Lebensort Kindertageseinrichtung. Bilden-Erziehen-Fördern. Frühkindliche Bildung im Kindergarten. Chancen und Möglichkeiten nach der PISA-Studie. Dokumentation. URL: http://www.tageseinrichtungen.nrw.de/diskurs/doku_ws5.pdf, S. 23-30

Spiegel, Hiltrud (2004): Methodisches Handeln in der Sozialen Arbeit. München: Ernst Reinhardt Verlag.

Stern, Arno. Der Malort. URL: https://www.arnostern.com/de/malort.htm Stand: 27.12.2017

Stern, Arno. Formulation, Malort, Malspiel. URL:https://www.arnostern.com/de/formulation_d.htm Stand: 27.12.2017

Textor, Martin R. (2017): Der Bildungsauftrag des Kindergartens. In: Textor, Martin. Bostelmann, Antje. (Hrsg.) Das Kita-Handbuch.URL: http://www.kindergartenpaedagogik.de/844.html Stand: 13.12.2017

Textor, Martin R. (2006): Gehirnentwicklung bei Babys und Kleinkindern-Konsequenzen für die Familienerziehung.
URL: http://www.familienhandbuch.de/cmain/f_fachbeitrag/a_kindheitsforschung/s_763.html